AF227012

BELLEVILLE

RÉHABILITÉ

DANS L'OPINION PUBLIQUE

PARIS. — IMPRIMERIE DE E. MARTINET, RUE MIGNON, 2

BELLEVILLE

RÉHABILITÉ

DANS L'OPINION PUBLIQUE

RÉPONSE

AUX ATTAQUES ET AUX INSINUATIONS CALOMNIEUSES

DE QUELQUES ORGANES DE LA PRESSE RÉACTIONNAIRE

Par Émile MIGUET

DOCTEUR EN MÉDECINE, CHEVALIER DE LA LÉGION D'HONNEUR

ANCIEN MEMBRE DU CORPS MUNICIPAL DE PARIS

EX-CHIRURGIEN-MAJOR AUXILIAIRE DE L'ARMÉE A L'AMBULANCE MUNICIPALE PELLEPORT

DÉCORÉ DE PLUSIEURS MÉDAILLES

DÉCERNÉES PAR LE GOUVERNEMENT ET LA VILLE DE PARIS A LA SUITE DES ÉPIDÉMIES DE CHOLÉRA

MEMBRE DE LA SOCIÉTÉ DES SCIENCES PHYSIQUES, CHIMIQUES

ARTS AGRICOLES ET INDUSTRIELS DE PARIS, ETC.

Deuxième édition

Revue et considérablement augmentée

PRIX : 75 CENTIMES

EN VENTE CHEZ TOUS LES LIBRAIRES

DES 19ᵉ ET 20ᵉ ARRONDISSEMENTS

SEPTEMBRE 1874

La première édition de cette brochure étant complète-
ment épuisée, j'ai pensé être agréable aux personnes qui
la réclament chaque jour chez les libraires, en publiant
cette nouvelle édition revue avec soin et considérablement
augmentée ; puisse-t-elle être accueillie avec la même faveur !

AVERTISSEMENT

Il y a longtemps déjà que certains organes de la presse parisienne ont pris Belleville pour l'objectif de leurs attaques virulentes, de leurs sarcasmes, de leurs imputations calomnieuses ; dans ces derniers temps, leur exaspération s'est élevée à un tel paroxysme, et a causé une si grande pression sur l'opinion publique, que les honnêtes habitants de ce pays, conspué et maudit, osent à peine avouer, dans le centre de Paris et dans la province, qu'ils sont de Belleville. Ils sont considérés comme les îlotes, les excommuniés, les parias de la société ; ils encourent même les risées et le mépris de MM. les cochers, quand ils se permettent de se glisser dans un de leurs véhicules, sans leur agrément préalable.

Dans cette situation critique, que devaient faire les

Bellevillois? Attendre qu'une voix amie s'élevât en leur faveur. Silence et abstention sur toute la ligne. Ils ne pouvaient donc plus compter que sur le concours empressé de leurs mandataires municipaux élus auxquels incombent, non-seulement la gestion matérielle de leur localité, mais aussi le soin de leurs intérêts moraux. Ils se gardent bien de formuler le plus léger reproche sur leur attitude indifférente, ils se permettent seulement de leur exprimer leurs regrets.

Il y avait là un *desideratum* à satisfaire. Chaque jour on se demandait pourquoi il ne se rencontrait pas un homme assez dévoué pour prendre en main la défense et la justification de cette agglomération de gens honnêtes et laborieux, si injustement calomniés, si cruellement atteints dans leur honorabilité.

Tout en regrettant qu'une voix plus autorisée que la mienne ne se soit pas élevée pour plaider les circonstances atténuantes, je me suis décidé à publier ce petit mémoire justificatif, non pas sans quelque hésitation, puisque je serai tout naturellement amené sur le terrain glissant de la politique.

Je respecte toutes les opinions en matière politique et religieuse (*sua cuique*). Je laisse à chacun son libre arbitre, comme je veux conserver le mien. Cependant, dans l'énumération des faits à décharge et dans la discussion des preuves irréfutables, propres à établir l'inanité, l'injustice et le peu de fondement des attaques de nos adversaires, je serai bien forcé d'exprimer les sentiments, les aspirations, les tendances politiques des Bellevillois, puisque c'est dans la fausse interprétation de leurs actes et l'injuste appréciation de leurs opinions que la presse réactionnaire a puisé ses rancunes, ses haines, ses accusations fantaisistes et passionnées.

Nous nous consolerons en disant avec Horace :

« C'est un grand malheur ! mais le temps et la patience allégent les maux qui ne peuvent se guérir immédiatement. »

En publiant cette brochure, je n'ai eu d'autre but que la réintégration de mes concitoyens dans la place qu'ils doivent occuper dans la société et la revendication bien légitime de leur droit à l'estime publique.

Quelques esprits jaloux, malveillants, haineux, ont attribué à cette brochure un tout autre but, celui de la popularité. Voici ma réponse à leurs perfides insinuations :

Je n'ai pas besoin de popularité ; la notoriété dont je jouis à Paris et à Belleville suffit à mon ambition très-limitée. Ma clientèle est souvent au-dessus de mes forces, elle n'est donc pas susceptible d'une bien grande élasticité. Parvenu à l'âge où les fonctionnaires publics sont mis à la retraite, je ne puis prétendre à aucun emploi rétribué. On a pensé à tort ou à raison que cette publication avait pour objectif la place de conseiller municipal dont elle pourrait, dans une certaine mesure, me faciliter l'obtention. En effet, le renouvellement partiel des conseils municipaux doit avoir lieu dans un délai très-rapproché ; que mes adversaires se rassurent, je n'ai pas l'intention de produire ma candidature aux prochaines élections ; je n'oserais pas m'appeler conseiller municipal, si ma nomination était le résultat des manœuvres illégales, machiavéliques et scandaleuses qui ont pesé sur l'élection de 1871, dans le quartier Saint-Fargeau.

Deux ou trois jours avant l'élection, la cohorte bureaucratique de l'arrondissement, commandée par Escobar II, fut employée jours et nuits à la confection des lettres, avec bulletins de vote inclus, adressées à chaque électeur du quartier ; le timbre de la mairie leur donnait un caractère officiel ; la profession de foi de mon concurrent fut lâchement apposée sur la mienne dont la teneur paraissait inquiétante. Une propagande malveillante, occulte, jésuitique, fut organisée contre mon honorabilité restée néanmoins parfaitement intacte : ici je n'étais qu'un simple officier de santé, là j'étais un bonapartiste, ailleurs je passais pour un communeux, etc., etc.

Je remercie mes gracieux concitoyens de m'avoir fermé la porte du conseil municipal où l'attitude passive et le mutisme ridicule de quelques-uns de ses membres sont trop souvent à l'ordre du jour ; qu'ils veuillent bien me permettre de leur rappeler cet épigramme du poëte romain Martial :

Un paysan de la campagne de Rome avait chargé un avocat de la défense de ses trois chèvres qui étaient en cause. Cet avocat faisait des digressions trop diffuses sur les guerres Puniques avec grand renfort de gestes et de mouvements pathétiques ; le paysan, peu satisfait de l'éloquence de son défenseur, le tire par un pli de sa toge, et lui dit : Eh ! monsieur l'avocat : *Dic de tribus capellis*, dites donc un mot de mes trois chèvres.

Nous ne ferons pas comme le paysan romain, nous ne nous plaindrons pas de la prolixité oratoire de nos conseillers, mais nous leur dirons avec lui : Eh ! Messieurs les conseillers ! dites un mot, même plusieurs mots des intérêts locaux que vous représentez.

Horace, cet aristarque, ce critique profond et consciencieux du siècle d'Auguste, disait, en style figuré, aux poëtes et aux auteurs de son temps :

« Nocturnâ versate manu versate diurnâ
» Quid valeant quid nequeunt humeri. »

Traduction fidèle : Tournez et retournez, et le jour et la nuit, le fardeau que vous destinez à vos épaules. C'est-à-dire, soyez à la hauteur de votre tâche, et ne vous chargez pas d'une fonction qui dépasse le niveau de vos forces et de vos aptitudes.

E. MIGUET.

BELLEVILLE

RÉHABILITÉ

DANS L'OPINION PUBLIQUE

I

Il y a dans le monde une arme d'autant plus meurtrière qu'elle est maniée, le plus souvent, par la jalousie et la mauvaise foi, c'est la calomnie. L'homme qui en est la victime, se trouvant blessé dans son amour-propre, dans son honneur, s'en préoccupe d'abord, s'inquiète et court vivement à la recherche de ses moyens de justification. Peu à peu son horizon s'éclaircit, son honorabilité s'affirme et aussitôt la considération succède au dédain.

Il n'en est pas de même lorsque la calomnie s'attaque à un pays, à une ville. Par la raison qu'elle frappe tous les habitants d'une ville, elle n'atteint personne individuellement, ce qui explique l'indifférence avec laquelle on entend de toutes parts et on lit chaque jour dans les journaux les épithètes les plus malsonnantes et les plus injurieuses.

Depuis bientôt trois ans, Belleville est mis au ban de l'Europe et du monde entier par messieurs de la presse conservatrice réactionnaire ; ses habitants sont traités de *voyous*, de *gredins*, de *pétroleurs*, d'*incendiaires*, d'*égorgeurs*, etc.

Ce concert de dénigrement, organisé par une partie de la presse, me remet en mémoire une des meilleures fables de la Fontaine, qui a pour titre : *Les Animaux malades de la peste* :

> Un mal qui répand la terreur,
>   Mal que le ciel en sa fureur
> Inventa pour punir les crimes de la terre
> La peste (le typhus radico-électoral)
>   Fait aux conservateurs la guerre.

Le gros Bonnet des rédacteurs, qui représente le lion de la fable, décida de tenir conseil, afin de remonter à la source de tant de maux. Mes chers amis, s'écria-t-il, voyons sans indulgence l'état de notre conscience ; que l'un de nous se sacrifie dans l'intérêt commun. Quant à moi, il m'est arrivé souvent d'éreinter le *Bellevillois*. Le plus fin des renards de l'aréopage repartit aussitôt :

> Morbleu ! vous lui fites, seigneur,
> En l'éreintant, beaucoup d'honneur.

Un des membres, partisan des doctrines bellevilloises, dit à son tour :

— Moi, j'ai noirci Rémusat, j'ai blanchi Barodet et suis peut-être un peu sans le vouloir, l'un des auteurs du 24 mai. Tous de s'écrier : Haro sur le baudet ! Jurons l'anéantissement de Belleville (*delenda est Carthago*). Belleville ! ce cratère immonde d'où jaillit cette lave radico-pétroleuse qui fausse tous les jugements, vicie l'opinion publique, jette le trouble dans les consciences et tourne la tête aux électeurs des départements assez pervertis pour envoyer à l'assemblée de Versailles des représentants entachés de démocratie. Calomnions, dénigrons ce maudit pays, chaque jour, à toute heure ; les purs s'en iront, les mauvais resteront, nous les transporterons à la Nouvelle-Calédonie, et les propriétaires, réduits à l'isolement complet, vendront leurs maisons aux démolisseurs, et nous ferons passer la charrue sur ce terrain infect et contagieux (*deleta est Carthago*).

Vous appelez cela un remède contre le mal, messieurs ; singulière et ridicule façon de procéder ! vous détruisez d'abord afin de conserver. Cette contradiction tombée de votre plume est un indice certain d'une aberration de jugement causée par l'esprit de parti, par le fanatisme politique. Il est déplorable que des hommes aussi instruits, que des écrivains aussi distingués, n'aient pas compris que ce système de dénigrement était ridicule, injuste, absurde.

II

Examinons donc sans passion, sans parti pris, les griefs, les fautes, les crimes qui sont à notre charge. Voyons d'abord ce qu'est Belleville.

Belleville proprement dit, petit bourg de seize cents à deux mille habitants au commencement du siècle, était, avant l'annexion, la onzième ou la douzième ville de France au point de vue de sa population qui s'élevait à quatre-vingt-dix mille âmes. Son site est agréable, bien aéré ; elle a plusieurs promenades, le square de la place de la Fête et son luxueux et pittoresque jardin ou *parc des Buttes-Chaumont*. Autrefois, tout couple amoureux devait un pèlerinage à *l'île d'Amour* dont les charmilles touffues et odorantes protégeaient les tendres soupirs. Elle était le lieu de prédilection de la société lyrique des jeunes poëtes et chansonniers, parmi lesquels on distingue Désaugiers, Béranger, etc. Aujourd'hui la maison commune, autrement dit la mairie, a remplacé les autels de Cupidon. Belleville était aussi le rendez-vous des joyeux buveurs ; ses bruyantes guinguettes où l'on buvait et mangeait, au son du rigodon, l'hiver dans la salle du premier étage, l'été sous les bosquets, resteront célèbres dans les annales de Bacchus et de Terpsichore. Les anciens du pays vous diront si le culte de la bouteille n'était pas préférable à celui de la politique (1).

L'*Élysée-Ménilmontant* a continué les traditions de l'*île d'Amour;* son vaste jardin, planté d'arbres séculaires, ses mille becs de gaz, son splendide salon de 600 couverts très-propice aux grandes noces, aux repas de corps, aux bals publics, en font un séjour enchanteur, très-recherché par la jeunesse folâtre et bruyante.

Qui ne connaît pas le *fameux lac Saint-Fargeau,* transformé en un *Eden* ou *Paradis terrestre* par l'activité et le bon goût de son propriétaire, qui fait dix à douze noces le même jour, le samedi surtout, avec son nombreux personnel et ses vastes salons ? Il offre aux amateurs des jeux forains, des promenades sur l'eau, une musique harmonieuse, des feux de Bengale, des illuminations féeriques.

Il y a encore sur la rampe de la rue de Belleville un restaurant connu sous le nom de *Trianon,* qui, malgré son apparence modeste, fait aussi de très-belles noces, surtout en hiver ; les consommateurs trouvent dans ce bel établissement un service très-confortable, des mets choisis et bien préparés et des vins très-variés et des meilleurs crus.

Belleville possède un fort joli théâtre, très-estimé et toujours rempli de spectateurs, grâce à l'activité et au dévouement de son habile et intelligent directeur, et grâce aussi à son excellente troupe d'artistes intelligents et laborieux qui font chaque semaine un tour de force, en interprétant d'une façon convenable et aux applaudissements unanimes

---

(1) La politique, de nos jours, est une arène ouverte aux discussions passionnées, aux compétitions ardentes, suivies d'améliorations sociales trop souvent compromises par les fautes des partis, dont les luttes opiniâtres nous ramènent toujours, par un mouvement réflexe, à notre premier point de départ.

des spectateurs, des drames et des comédies en cinq actes qu'ils n'ont pu étudier et répéter que pendant cinq ou six jours.

Les étrangers qui visitent Belleville admirent sa belle église d'un style architectural moyen âge, sous le vocable de Saint-Jean-Baptiste, remarquable par ses deux tours élégantes, élancées en forme de flèches, percées de trous en trèfle, qui est le digne pendant de l'église Sainte-Clotilde.

Cet édifice monumental, construit de 1854 à 1859, d'après les plans et sous la direction de l'habile architecte Lassus, avec les *fonds communaux* de la ville de Belleville, témoigne hautement des sentiments religieux des Bellevillois qui, en conservant les saines traditions de la famille et la pratique exemplaire de la religion de leurs ancêtres, méritent plutôt les égards et les félicitations que les grossières injures d'une certaine presse.

Il offre une agglomération compacte de propriétaires, de fabricants, de marchands, d'employés nombreux, d'ouvriers honnêtes qui ne demandent qu'à travailler, de laborieux et riches horticulteurs qui produisent des légumes pour les tables des Parisiens et de très-belles fleurs pour embaumer les boudoirs de leurs dames. Un chroniqueur a dit des habitants de Belleville qu'ils étaient très-laborieux ; il avait raison, car Belleville possède quelques habitants deux, quatre, six fois millionnaires, qui continuent les affaires avec une ardeur toute juvénile. Chaque habitant y fournit sa tâche et apporte à la société dans laquelle il vit un concours analogue à celui qu'il en reçoit.

III

Après l'énumération de tous les avantages, de tous les agréments qu'offre Belleville, il est peut-être opportun, utile même de signaler les améliorations locales dont le besoin et l'urgence se font généralement sentir dans ce pays émissaire quelque peu délaissé, depuis que la malveillance du journalisme a infligé une si grave atteinte à son honorabilité. Il est évident que Belleville n'a qu'une très-faible part du gâteau municipal, et cependant il paye exactement ses contributions et ses centimes additionnels comme Paris. La voirie laisse beaucoup à désirer sous le double rapport du balayage et de l'entretien du pavé.

Il y a longtemps déjà qu'il est question d'établir un passage à niveau sur le chemin de fer de Ceinture à son point d'intersection avec la rue de la Mare ; il est temps de supprimer cette servitude préjudiciable à la circulation et aux intérêts du quartier.

Depuis quelques années, la ville de Paris a témoigné aux classes ouvrières une très-vive sollicitude par la fondation d'un grand nombre d'écoles et d'asiles dans tous les arrondissements ; il serait à désirer que ces constructions eussent des proportions moins monumentales et fussent plus nombreuses. Les habitants du quartier du Père-Lachaise réclament avec instance la création d'un groupe scolaire dont l'urgence est démontrée par le long intervalle qui sépare l'époque de l'inscription des enfants du jour de leur entrée dans les écoles; en effet, il y a des enfants, inscrits depuis le mois d'août 1873, qui attendent, encore aujourd'hui leur admission.

Le 20ᵉ arrondissement est, sous le rapport des marchés, dans un fâcheux état d'infériorité relative ; il est urgent de remplacer ce banal étalage des boulevards de Ménilmontant et de Belleville par un marché couvert, convenablement construit, offrant aux vendeurs et aux acheteurs un abri commode contre les intempéries.

Le marché Puebla, établi par la compagnie Ferrère, est mal approvisionné et peu fréquenté. Dans un rapport rédigé avec une grande justesse d'appréciation, mon honorable ami, M. Michaud, propose pour achalander ce marché, la création d'une voie diagonale qui, partant du boulevard Puebla, atteindrait le haut de Belleville. S'il m'était permis d'émettre mon avis, je proposerais la prolongation en ligne droite de la rue de l'Ermitage jusqu'à la nouvelle mairie; cette nouvelle voie comblerait les excavations profondes et dangereuses, adoucirait les pentes abruptes qui séparent la petite rue Magenta de la rue des Partants, et mettrait le marché Puebla en communication directe avec un grand centre de population.

Au point de vue hygiénique, Belleville est dans les meilleures conditions de salubrité ; pendant les chaleurs sénégaliennes, on hume à pleins poumons sa brise fraîche et délicieuse du soir. Mais la chaussée rapide qui conduit aux points culminants présente des difficultés insurmontables aux vieillards, aux éclopés, aux infirmes, aux valétudinaires, aux asthmatiques, etc. ; il est important d'aplanir ces obstacles, d'abord dans l'intérêt des habitants, et dans le but d'y attirer les étrangers. On s'étonne généralement que nos huit conseillers n'aient pas usé de toute leur influence dans le conseil municipal, pour provoquer une délibération et obtenir une décision qui impose à la Compagnie des omnibus la prolongation de la ligne de la place des Victoires jusqu'à la barrière de Romainville. On peut, par avance, répondre aux objections de cette Compagnie privilégiée, que la chaussée de Belleville n'est pas plus ardue que celle des Martyrs, qu'elle a la faculté de mettre à chaque voiture deux chevaux de renfort pour la montée et une solide enrayure pour la descente, que par cette modification elle pourrait supprimer le service de Belleville-Église, et alléger d'autant le service de Romainville qui aurait son point de départ à la barrière de ce nom.

IV

Nous sommes tous des travailleurs honnêtes, adonnés à nos occupations journalières. Nous ne songeons à la politique qu'aux différentes périodes électorales pendant lesquelles nous devons jouir de nos droits de citoyens. Nous avons, nous, des opinions sincères, loyales, désintéressées. De quel droit, messieurs les journalistes *réactionnaires*, venez-vous nous critiquer et vous poser en censeurs de nos actes ? Quels hommes êtes-vous donc ?

Si l'on excepte quelques publicistes distingués qui honorent la presse par leurs talents, par leur loyauté et par la sincérité de leurs convictions politiques, vous n'êtes que de médiocres écrivains, des hommes de feuilles, disait Beaumarchais, tournant à tout vent, témoin la volte-face scandaleuse opérée par l'un des vôtres, l'année derrière, pour la mise en scène d'un quatrième prétendant ; vous êtes des espèces de fruits secs de plusieurs positions sociales interrompues par diverses causes, professant des opinions de commande, obséquieux adulateurs de tout pouvoir existant, pourvu qu'il vous gorge de ses faveurs et de ses largesses, fauteurs cupides et intéressés de toutes candidatures au trône, hommes de métier écrivant à 1 franc la ligne, à 100 francs l'article et à 100 et tant de mille francs la totalité du journal.

Je me voilerais la face, si je m'étais oublié au point d'écrire la lettre excentrique adressée par l'un des vôtres au shah de Perse, lors de son séjour à Paris : « Sire, disait-il, daignez agréer l'expression de notre respect et de notre admiration ; si nous avions à notre tête notre bon roy de France, nous pourrions célébrer votre bienvenue d'une façon plus digne de Votre Majesté. »

Ce langage est une grave insulte à la nation française représentée par le premier magistrat de la République, devenu presque roi de France, non par droit héréditaire, comme le shah de Perse, mais par son mérite personnel et par la noblesse de son épée. Cette impudente et fastueuse allocution fait un singulier contraste avec la mesquinerie de procédé d'un certain conseiller municipal, trop peu versé dans la gestion financière de la grande ville, qui, après avoir voté contre l'allocation demandée pour la célébration de ces fêtes splendides, exprima le regret de ne pouvoir offrir le droit de Cité, de bourgeois de Paris à celui qui s'intitule le *Souverain des souverains, égal au soleil, chef des plus grands rois dont le trône est l'étrier du ciel, empereur de tous les temps et de tous les êtres, distributeur des couronnes et des trônes*, etc.

Et c'est avec de telles billevesées, messieurs de la presse *rétrograde*, que vous avez la prétention d'éclairer et de diriger l'opinion publique ; pas dans le cas actuel, permettez, vous la faussez, vous l'égarez aussi bien par vos insultes au pays et à son premier magistrat que par le jet continu de vos railleries et de vos diatribes contre une honnête population, vous étouffez les plus saines idées, les plus nobles sentiments sous l'éteignoir de l'obscurantisme.

V

Croyez-vous que cette honnête population mérite plutôt votre rancune que votre estime ? Qu'avez-vous à lui reprocher ?

Oseriez-vous incriminer ses réunions électorales ? elles se faisaient à la salle Dénoyez, assez vaste pour contenir deux à trois mille auditeurs accourus des rues adjacentes, du faubourg du Temple, du quartier Popincourt, etc... Je ne sache pas que les utopies, les théories constitutionnelles émises dans ces réunions aient été plus anarchiques, plus subversives que celles qui ont été développées et discutées à la salle Molière, aux Folies-Bergères, à la salle Clichy, etc., etc. Seulement, elles ont souvent abouti à l'élection d'un représentant républicain, notamment celle de 1869. *Inde iræ !* voilà le point de départ de votre colère, de votre haine.

Si à cette époque de tourmente politique, les électeurs de Belleville étaient de grands coupables en traçant, par leur énergique initiative, le premier sillon dans le champ de la démocratie, il faut convenir qu'ils ont eu de bien nombreux imitateurs et qu'ils étaient l'avant-garde de cet immense bataillon républicain formé par les électeurs du Rhône, des Bouches-du-Rhône, de l'Aude, de la Nièvre, du Finistère, de Seine-et-Oise, de l'Ariége, du Vaucluse, de la Gironde, de la Haute-Marne, etc.; ainsi donc les habitants de Belleville ne sont pas plus anarchistes, pas plus démagogues que ceux des départements sus-nommés et même que ceux du Finistère, ce berceau traditionnel de l'orthodoxie légitimiste.

Allez-vous mettre sur notre compte ce lugubre drame de la rue Haxo, cette horrible et tragique hécatombe ? Aurez-vous l'infamie de souiller notre réputation du sang de ces malheureuses victimes ? Quelques fédérés de Paris ont pensé trouver rue Haxo un terrain propice à l'exécution des otages, et c'est à nous, hommes inoffensifs, étrangers à cet acte de sauvagerie, qu'incombe tout l'odieux de cette immolation. Mais, direz-vous, pourquoi les Bellevillois n'ont-ils pas empêché ces funestes exécutions ? Par cette raison bien simple que la plupart des hommes valides, pour se soustraire au service militaire des fédérés, s'étaient retirés dans les communes suburbaines et qu'il ne restait plus à Belleville que des vieillards, des femmes et des enfants.

On est saisi d'horreur, transporté d'indignation en pensant qu'une certaine presse a eu l'infamie d'attribuer aux Bellevillois cette hideuse tuerie. Le *Figaro*, dans son numéro du 24 septembre 1873, page 3, en racontant l'exécution des otages, écrit en toutes lettres que le 26 mai 1871, vers midi, un émissaire de la Commune, escorté d'un peloton de fédérés, vint à la Roquette saisir les quarante-sept victimes pour les conduire à la rue Haxo, et il ajoute qu'au sortir de la prison, ces malheureux otages avaient été rencontrés par des chasseurs et des artilleurs insurgés qui venaient d'être battus par l'armée régulière, et voulaient se venger, en les fusillant immédiatement sur place ; de sorte que si les fédérés avaient cédé à leur premier mouvement, les otages ne seraient pas venus jusqu'à Belleville et nous passerions pour les gens les plus purs, les plus inoffensifs, les plus candides du monde.

Vous auriez dû, messieurs du *Figaro*, nous épargner cette bave infectieuse dont vous abreuvez vos ennemis avec un raffinement si perfide et un cynisme si révoltant.

Si jamais j'apprends qu'un assassin a commis un crime dans la rue Rossini, qu'un malfaiteur y a mis le feu, j'aurai le droit de dire et d'écrire sur toutes les feuilles que les habitants de ce beau quartier sont des égorgeurs et des incendiaires. Par un sentiment de pudeur et de convenance, je m'abstiendrai ; quand un homme s'est abaissé à un raisonnement aussi saugrenu, on l'envoie suivre un cours de logique à la Sorbonne, ou bien, à l'aide d'un certificat de médecin constatant son état mental, on l'interne à Charenton pour purger la société d'un être dangereux, et le soumettre au régime des douches froides.

Serions-nous aussi les assassins des généraux Lecomte et Clément Thomas, du président Bonjean, de l'archevêque de Paris et de tant d'autres victimes intéressantes ? Vous nous avez généreusement épargné cette honte. Cependant nous ne devons pas vous remercier de cette apparente indulgence, car en n'adressant aucun blâme aux localités qui ont été le théâtre de ces sanglantes tueries, vous avez voulu fixer plus sûrement l'attention publique sur la flétrissure dont vous avez maculé nos visages.

Il est probable que vous avez encore une arrière-pensée sur le déboulonnement de la colonne Vendôme, et que, dans votre haine rageuse, vous désirez secrètement nous en imputer la démolition, car, il y a peu de jours, l'un de vous a encore attribué à un Bellevillois cette improvisation chaleureuse et barbare, au moment de la chute de la colonne, cette gloire historique de la nation :

« Citoyens ! aujourd'hui nous abolissons le symbole de la tyrannie militaire ; à demain la suppression de toutes les têtes qui ne penseront pas comme nous. »

Le 28 mai, Belleville était la dernière étape de l'armée de Versailles ; il a été ce jour-là le tombeau de la Commune. L'armée, après avoir soutenu dans tous les quartiers de Paris une lutte opiniâtre et terrible, s'est présentée devant les Buttes-Chaumont le samedi 27, et, le dimanche matin, elle a pris possession de la mairie sans coup férir.

Supposons, pour un instant, qu'un grand nombre de fédérés de Paris aient envahi les rues de Belleville, qu'ils aient défendu les barricades abandonnées dès la veille, et aient opposé une résistance désespérée, nos calomniateurs auraient vu là une complicité flagrante ; ils auraient dit aux Bellevillois : « Une bataille sanglante a été livrée sur votre territoire le 28 mai, donc vous êtes les coupables auteurs du sang répandu. » Avouons que nos adversaires ont une bien singulière et absurde logique.

Nous arrivons maintenant à l'une de vos plus graves objurgations, l'élection Barodet, dont vous nous faites un si grand crime. Si cette élection contrarie vos tendances, vos visées, c'est à vous la faute, honnêtes et nobles conservateurs. La précision des chiffres, la rigueur inflexible de la logique vous condamnent et vous écrasent. Quoi ! vous incriminez les huit arrondissements annexés et vous en possédez douze au centre, tous très-populeux, éclairés, riches et, partant, conservateurs. Raisonnons sur des mille ; vous avez douze mille électeurs contre huit mille, simplifions encore les chiffres, vous avez douze électeurs contre huit, et vous n'avez pu, avec cette grosse armée électorale, enlever votre candidat que j'estime et que j'honore infiniment, et contrebalancer le radicalisme des huit petits arrondissements !

Si vous étiez des hommes droits et consciencieux, vous eussiez pu, en jetant un coup d'œil sur le relevé général des votes fournis par chaque arrondissement, nous épargner vos sarcasmes :

Le 3ᵉ arrondissement a donné à Barodet.....   10,208 bulletins.
Le 18ᵉ arrondissement...................   13,000   —
Le 11ᵉ arrondissement..................   16,210   —
L'arrondissement de Saint-Denis...........   16,189   —
Le 4ᵉ arrondissement a donné à Rémusat....   5,000   —
Le 4ᵉ arrondissement a donné à Barodet   7,000   —
Le 20ᵉ arrondissement (Belleville).........   10,138   —

Vous voyez bien que nous ne sommes pas des électeurs de la pire espèce.

VI

A notre tour, nous avons le droit de vous infliger un blâme sévère et de vous retourner les épithètes de démagogues, d'insurgés et d'anarchistes ; en homme bien élevé, quoique habitant de Belleville, je vous épargnerai les qualifications de *gredins*, de *voyous*, d'*incendiaires*, de *pétroleurs*, d'*égorgeurs* dont vous nous gratifiez avec une morgue hautaine et un superbe dédain.

Voyez comme les rôles sont intervertis. Nous autres Bellevillois, nous sommes des conservateurs, et, à notre sens, vous êtes des insurgés ; vous conspirez à ciel ouvert, le front haut et fier, contre les institutions existantes que nous tenons à conserver ; elles constituent la seule forme de gouvernement qui soit praticable en présence des compétitions des trois prétendants, dont les luttes ardentes nous conduiraient fatalement à la guerre civile, à l'anarchie, à la ruine de notre belle patrie. Nous portons un attachement sincère et désintéressé à cette République modérée, conservatrice, progressiste, dont M. Thiers est l'initiateur et à la consolidation de laquelle il a voulu consacrer les derniers efforts de sa glorieuse carrière.

Honneur à l'illustre homme d'État ! Il est digne de notre affection, de notre haute estime et de notre profonde reconnaissance. Nous sommes fiers d'être les complices de ce grand citoyen, de ce fécond et puissant organisateur dont les immenses services et la haute expérience politique ont sauvé la patrie en danger, avec l'appui et le concours éclairé de l'Assemblée nationale.

N'est-ce pas lui, avec le concours de l'illustre maréchal Mac-Mahon, qui a délivré Paris, ce berceau de la civilisation dont les fureurs démagogiques avaient fait un foyer de pillage, d'égorgements et d'incendies ?

Quand la nation entière l'acclame le Libérateur du territoire, vous avez l'impudence de ternir par un souffle de communisme cette noble figure qui a reflété sur toutes les hautes fonctions qu'il a remplies, et notamment sur la première magistrature du pays, l'éclat de sa dignité, de son patriotisme, de sa rare probité politique.

Plus ingrats que les Athéniens, qui ont frappé d'ostracisme le célèbre Aristide, parce qu'ils étaient ennuyés de l'entendre toujours appeler le Juste, vous avez conspiré pour la chute de ce grand citoyen, parce que vous étiez fatigués de l'entendre appeler et de l'appeler vous-mêmes l'illustre homme d'État.

Nous sommes heureux d'être en conformité de vues avec l'illustre vainqueur de Magenta, mon très-digne et très-honoré compatriote, dont la bravoure, la franchise et la loyauté sont appréciées par tous les partis. Le jour de son avénement au pouvoir, n'a-t-il pas déclaré solennellement, pour ranimer la confiance du pays, et rassurer les institutions existantes, qu'il suivrait fidèlement la ligne de conduite tracée par son illustre prédécesseur ?

Notre innocence et notre honorabilité étant parfaitement établies sur des faits certains et sur des preuves irrécusables, il est très-évident que nous ne sommes pas des insurgés.

C'est un fait acquis aujourd'hui et constaté par quelques organes de la presse parisienne. Le journal *la Liberté*, qui ne nous a pas ménagé ses accusations, ses critiques acerbes, résout d'emblée la question que posait, le 17 mars dernier, le *Petit Journal* dans ses petites nouvelles : « Belleville, disait-il, a-t-il besoin d'être réhabilité ? C'est du moins l'avis du docteur Miguet, habitant ce quartier, le connaissant parfaitement, et qui a écrit à ce sujet une brochure des plus intéressantes. »

Dans son numéro du 28 mars dernier, le rédacteur du bulletin politique de *la Liberté*, en citant le décret concernant la réorganisation des municipalités de la ville de Paris, fait observer qu'un seul arrondissement, le 20ᵉ, ne figurait point sur la liste des nominations, et pour expliquer le silence du *Journal officiel*, il ajoute : « Il est fort probable que le Ministère éprouve quelques difficultés à trouver un personnel municipal qui connaisse à fond les besoins et l'esprit de cette *populeuse* et *remuante* fraction de la capitale. »

Nous avons remercié très-poliment *la Liberté* de la qualification de *populeuse* et *remuante* fraction de la capitale qu'elle nous accorde avec une si gracieuse aménité ; elle contraste très-avantageusement pour nous avec les épithètes de *voyous*, de *pillards*, d'*égorgeurs* et d'*incendiaires*, dont la presse réactionnaire monarchique nous a gratifié à outrance depuis la dernière guerre.

Cependant je ne la crois pas l'expression exacte de l'état des esprits de notre population, qui, malgré le chômage et la pénurie des affaires, se montre toujours calme, confiante et résignée dans l'attente de la prochaine reprise du travail. Le 20ᵉ arrondissement n'est pas plus sous le régime militaire que les plus beaux et les plus paisibles arrondissements du centre. Notre mairie est occupée tout simplement par une escouade de gardiens de la paix.

VII

Raisonnons donc maintenant, non pas de seigneurs à vilains, mais d'égaux à égaux.

Vous voulez la monarchie, dites-vous? mais laquelle, s'il vous plaît? Vous ne pouvez la rétablir sans commotion : elle ne serait qu'éphémère et contestée, et ne reposerait que sur la force. Vous connaissez, comme moi, le sort réservé aux gouvernements établis dans de telles conditions.

C'est le centre gauche qui va vous répondre :

L'impuissance de l'Assemblée nationale à fonder un gouvernement définitif étant surabondamment démontrée, il reste à savoir si l'un des partis monarchiques est assez fort pour constituer la monarchie de son choix ; la réponse ne saurait être douteuse.

La fusion de deux branches royales, les voyages fréquents à Frohsdorf, les manifestes, les projets de conjonction des centres, toutes les tentatives enfin sont restées stériles. La lettre du 27 octobre dernier est venue par son désistement, qui équivalait à une abdication, jeter le découragement dans le camp des monarchistes; les partisans de l'empire, malgré l'acte de déchéance décrété par l'Assemblée de Bordeaux, ont aussi proposé leur candidat au trône, et comme, en raison de leur petit nombre, ils ne pouvaient rien constituer légalement, ils ont réclamé l'appel au peuple.

Dans ce dédale de compétitions improductives, le provisoire offrait quelques dangers, on a cru devoir mettre fin à ce provisoire par la création du septennat, dont l'organisation constitutionnelle définitive est encore à l'état de projet, forme de gouvernement jusqu'alors inconnue, jugée diversement et controversée par chaque parti, espèce de halte qui permet à chacun de respirer, de se recueillir et de préparer ses armes et ses moyens d'attaque pour l'échéance de 1880, époque trop éloignée au gré des impatients ; aussi voit-on l'un deux, monarchiste influent, ambassadeur de la République française à Londres, proposer effrontément, en pleine Assemblée, le rétablissement de la monarchie.

Le centre gauche, de son côté, fait un appel à l'abnégation, au patriotisme de tous. Je consens, dit-il, à faire le sacrifice de mes préférences dans l'intérêt de la chose publique ; je voulais le gouvernement constitutionnel parlementaire avec cette formule : *Rex regnat, non regit*, le roi règne et ne gouverne pas, auquel j'ai prêté mon concours actif et dévoué ; mais je ne le crois pas praticable dans la situation actuelle du pays ; il constitue entre le peuple et la couronne un antagonisme permanent qui compromet sa durée et met son existence en péril. L'arc gouvernemental trop tendu se rompt brusquement. Témoin l'explosion du 24 février 1848.

Je convie tous les partis de l'Assemblée à une entente commune, franche, loyale, patriotique, pour consacrer par le droit la république de fait ; une monarchie quelconque absorberait le septennat que vous ne pouvez abolir, sans vous déjuger ; la république, au contraire, s'allierait parfaitement avec lui, elle trouverait un président en fonctions. Hâtonsnous de doter le pays d'institutions stables, définitives ; « de nouveaux délais, en prolongeant l'incertitude, pèseraient sur les affaires, nuiraient à leur développement et à leur prospérité » (*Message du président de la République* du 9 juillet). Le temps presse, les tendances démocratiques de la nation s'affirment par les élections partielles (151 élections républicaines sur 183 depuis 1871), la démocratie monte par degrès; c'est un Niagara qui a ses cataractes, un grand fleuve auquel il ne faut pas opposer un barrage de résistance, mais dont il faut régler le cours et prévenir les débordements à l'aide de digues latérales sagement édifiées.

Un ardent légitimiste disait en partant en villégiature : « La France est frappée au cœur, si nous ne profitons pas des quatre mois de grâce que Dieu nous accorde pour revenir à la royauté, notre belle patrie succombera sous les coups de ses ennemis intérieurs. Jamais le septennat, fût-il durable, ne pourra donner l'indépendance nationale ni la liberté. » Monsieur de Franclieu nous permettra bien de ne pas partager sa frayeur. Le septennat est confié à des mains sûres, honnêtes et valeureuses; le maréchal de Mac-Machon sera toujours à la hauteur de ses devoirs et de sa noble mission toute patriotique.

VIII

Si, en définitive, vous ne voulez pas fonder la république qui est l'épouvantail de vos rêves, quelle est donc la monarchie de votre prédilection? Serait-ce la légitimité? Vous savez sans aucun doute que nous ne pouvons reculer d'un siècle, après avoir été les premiers à créer le régime représentatif imité de la France par les États européens les plus absolutistes. Vous ne pouvez pas abolir le droit moderne, ni supprimer la représentation du pays dans la gestion de ses affaires, rétablir la taille, la dîme, la corvée, la gabelle, les droits seigneuriaux ; nous replacer sous l'arbitraire royal avec ses fastueuses prodigalités, faire que tout un peuple devienne la propriété d'un souverain, transmissible à son héritier direct, naissant souvent avec le germe héréditaire d'un homme d'État, mais pouvant, dans certains cas, être un cruel Néron, un féroce Caligula, un imbécile Claude ; qui par un geste, un coup de plume peut supprimer la liberté individuelle, faire une Saint-Barthélemy, signer la révocation d'un édit de Nantes sous la pression et par les obsessions d'un père Lachaise, arrachant cette fatale signature à un Louis XIV, en expiation de ses scandaleuses amours;

qui, dans l'état actuel des esprits, pourrait mettre l'Europe en feu par une déclaration de guerre à l'Italie qui aurait pour but le rétablissement du pouvoir temporel du Pape. Renoncez, messieurs les légitimistes, à cette périlleuse entreprise : le souverain Pontife est en sûreté à Rome ; placé de 1849 à 1870 sous le protectorat de l'Autriche et de la France qui ont à tour de rôle occupé militairement ses États, il n'était ni plus libre ni plus indépendant qu'il n'est aujour-d'hui ; il ne trouvera pas dans le galant homme Victor-Emmanuel, un Néron, un Septime-Sévère, un Valérien, un Marc-Aurèle, un Dioclétien ; dégagé des intérêts mondains, (*regnum meum non est istius mundi,* mon royaume n'est pas de ce monde), il consacrera toute son énergie, tout son dévouement à la propagation de la foi et à la défense des saintes maximes, des dogmes fondamentaux de la religion de Jésus-Christ dont il est le digne et fidèle représentant sur la terre ; et lorsque du balcon du Vatican, il donnera sa bénédiction aux fidèles prosternés devant lui, il sera plus majestueux, plus vénéré de toute la catholicité que plusieurs de ses prédécesseurs, qui, en s'immisçant trop souvent dans les questions politiques de l'Europe, ont compromis la dignité de la tiare.

Il sera plus noble, plus indépendant que le pape Étienne II passant les Alpes à la tête de son clergé et allant se prosterner devant l'usurpateur Pépin le Bref, dont il implorait le concours armé pour délivrer Rome de l'attaque du roi des Lombards.

Il sera plus humain que le pape Jules II, que l'historiographe Jean le Maire comparait au grand Tamerlan, chargeant, le sabre au poing, à la tête de ses escadrons les troupes du duc de Ferrare et dont on disait qu'il avait jeté dans le Tibre les clefs de saint Pierre pour ne se servir que de l'épée de saint Paul.

Il sera plus humble, plus modeste que le pape Grégoire VII voulant que le monde catholique reconnût au Souverain

Pontife le droit de déposer les rois et les empereurs et de dispenser les peuples du serment de fidélité fait à leurs princes, prétention exorbitante qui annulait un des plus beaux textes de l'Écriture sainte : *Omnis anima potestatibus sublimioribus subdita sit*, que toute âme soit soumise à l'autorité supérieure. En effet, ce texte consacre l'obéissance au pouvoir établi, comme première base de tout ordre social.

Tous les papes n'ont pas considéré le pouvoir temporel comme indispensable à la grandeur du catholicisme ; Gélase I⁰ʳ en 492 et Nicolas 1ᵉʳ en 863, deux savants théologiens, deux grands saints, ont déclaré que l'exercice simultané du pouvoir royal et du pouvoir sacerdotal était une invention du diable.

IX

N'ayant pas une majorité assez compacte pour tenter le rétablissement d'une royauté, voudriez-vous faire l'essai d'un troisième césarisme? Auriez-vous oublié les calamités et les fautes du premier Empire, la honte et les ruines du second; dans quelle situation ils ont trouvé la France, dans quel état ils l'ont laissée?

La gloire militaire du premier Empire ne suffit pas à compenser les désastres des deux invasions et la rigueur des traités de 1815 qui ont mutilé la France. Si après la paix d'Amiens, le César français, le plus grand capitaine des temps modernes, fût resté général Bonaparte, premier consul de la République, qui sait si la France (ancienne Gaule), cette riche succursale de l'Empire romain (République romaine), ne fût pas devenue à son tour la métropole omnipotente de tous les États européens? Car à cette époque, on disait, on écrivait partout que pas un seul coup de canon ne pouvait être tiré en Europe sans la permission de la France, à laquelle les armées républicaines, repoussant la coalition, avaient donné pour frontières le Rhin et les Alpes. C'est alors qu'on aurait pu adresser à la nation française cette glorieuse apostrophe du poëte Virgile au peuple romain :

Te regere *imperio* populos, Romane, memento ! (1)

La République, en succombant sous le coup d'État du 18 brumaire, laissait à Napoléon Ier une France puissante et agrandie. L'Empire dont le despotisme avait énervé la France, en l'épuisant de sang, ne pouvant lutter contre la nouvelle coalition étrangère, lui fit perdre toutes les acquisitions, toutes les conquêtes de la République, les provinces du Rhin, la Belgique, Sarrelouis, Landau, la Savoie et Nice.

(1) L'expression *imperium* n'avait pas la signification que nous attribuons au mot *empire :* elle désignait la domination, la toute-puissance de la République romaine. On appelait Rome la maîtresse du monde ; elle possédait en effet l'Europe entière, une partie de l'Asie et l'Afrique carthaginoise (la Maurétanie césarienne).

X

Voilà le bilan du premier Empire, nous allons passer en revue celui du second.

Inauguré par le coup d'État du 2 décembre et imposé par la force, le deuxième Empire avait pour devise *la paix*. *L'Empire, c'est la paix*, a-t-il été dit à Bordeaux dans un discours resté mémorable. Napoléon III, craignant comme son oncle que la paix ne favorisât le progrès de la liberté, le développement du virus révolutionnaire, lui chercha un dérivatif dans la guerre.

En 1856, il entreprit la guerre de Crimée qui nous a coûté tant d'hommes et tant d'argent, sans atteindre son but : *la neutralisation de la mer Noire*.

En 1859, il fit la campagne d'Italie aussi préjudiciable à nos finances que funeste à notre armée ; elle n'a eu d'autre résultat que la création d'un grand État limitrophe qui, à un moment donné, et par un de ces revirements si fréquents dans les relations diplomatiques, peut tourner contre nous la puissance qu'il doit à notre imprudente générosité.

En 1864, sa monomanie belliqueuse le lança dans la

guerre du Mexique dont le but, *la créance Morny*, était si minime, comparé à l'immensité des sacrifices, 5 à 600 millions d'argent gaspillés, notre armée, notre belle artillerie sacrifiées, Maximilien laissé dans le fossé de Quéritaro, notre drapeau humilié par sa sortie précipitée, sur un geste du gouvernement de Washington.

En 1865, la Prusse, pour dissimuler ses projets belliqueux contre l'Autriche, dénonçait à l'Europe les armements de cette puissance, tandis qu'elle faisait elle-même des préparatifs militaires considérables. En face de l'imminence d'un conflit probable, l'empire français s'est endormi dans une fausse et imprudente sécurité ; il devait avoir sur pied une armée de 400 000 hommes, pour appuyer ses protestations contre les honteux traités de 1815 et exiger la rectification de nos frontières du Nord-Est.

En avril 1867, la question du Luxembourg nous a surpris dans notre coupable indolence. Nous n'étions pas prêts, notre armée était mal organisée et incomplète, notre artillerie revenait du Mexique. La conférence de Londres, en réglant à l'amiable notre différend avec la Prusse, nous a donné une leçon de prévoyance, restée stérile par l'incapacité et l'étroitesse de vue de nos hommes d'État. Le chef d'une grande nation dont la population est de 37 millions d'habitants et le bugdet de deux milliards et demi doit toujours mettre son pays à l'abri d'un coup de main.

En 1870, la candidature Hohenzollern au trône d'Espagne est posée par la Prusse, armée jusqu'aux dents, victorieuse en Danemark et en Autriche. Cette candidature, qui visait le rétablissement de l'empire de Charles-Quint, devait amener un conflit avec la France, c'était un *casus belli*. Les représentations, les réclamations du gouvernement français n'ayant pas obtenu une satisfaction complète, un *ultimatum* fut signifié à la Prusse, qui l'accepta avec d'autant plus d'empressement, qu'elle voulait nous faire la guerre, déjà tentée en 1867, connaissant notre in-

fériorité relative en hommes, en matériel militaire, en forteresses, et l'on pourrait ajouter en généraux capables, instruits et dévoués à la patrie. Dans ce moment critique, les
conseils n'ont pas fait défaut à nos hommes de cabinet ; un
grand citoyen, aussi illustre par sa brillante érudition et
par l'universalité de ses connaissances que par son noble
patriotisme, fit entendre au Corps législatif ces paroles mé-
morables : « Je regrette de ne pas être de l'avis de monsieur le
Maréchal, ministre de la guerre, qui affirme avoir une armée de 500 000 hommes tout prêts à entrer en ligne ; vos
régiments ont à peine la moitié de leur effectif, vos arse-
naux sont presque vides, vos forteresses sans vivres, sans
munitions ; votre armée n'a fourni pour le plébiscite de mai
dernier que 245 000 votants, donc il ne peut y avoir en
juillet suivant 500 000 hommes sous les drapeaux. »

Malgré ces sages avertissements, la guerre fut déclarée
avec une audace incroyable, avec la plus aveugle témérité,
Tout le monde a encore présents à la mémoire les péripé-
ties, les luttes sanglantes, les acharnements héroïques, les
hontes et les désastres de ce grand drame militaire, dont le
sinistre retentissement a si profondément troublé l'Europe,
pendant près d'une année, et dont les conséquences fatales,
ruineuses, ont mis la France à deux doigts de sa perte. Le
visage pâlit, l'âme s'attriste, le cœur saigne, au souvenir de
nos armées vaincues, emmenées prisonnières en Prusse, de
nos drapeaux flétris, de nos armes, de nos canons livrés, de
nos forteresses saccagées ou rendues, de la honteuse capitulation de Sedan, des horreurs du siége de notre capitale,
de nos milliards gaspillés en pure perte, de notre mons-
trueuse rançon de 5 milliards, de l'arrachement de nos
deux riches provinces et du démembrement de notre belle
France moins étendue aujourd'hui qu'elle ne l'était il y a
deux cents ans.

Voilà l'œuvre du deuxième Empire tombé à Sedan, frappé
de déchéance à Bordeaux. La République en prenant ce

triste héritage avait une grande tâche, une pénible mission ; elle a relevé le drapeau national, improvisé des armées, fondu des canons, fabriqué des armes ; son héroïque résistance lui a conquis l'estime générale des peuples, une confiance si universelle qu'elle a trouvé 43 milliards pour payer son énorme rançon et libérer par anticipation son territoire occupé par les Prussiens qui, l'année précédente, à l'apogée de leur grandeur, au comble de leur prospérité, n'avaient pu réaliser un emprunt de 300 millions ; elle a fait respecter les lois, maintenu l'ordre au dedans et rétabli au dehors, sur un pied très-amical, nos relations diplomatiques.

Quoi qu'en disent les adversaires de la République qui s'évertuent à vouloir prouver qu'il n'y a pas de républicains en France, ni dans les campagnes, ni dans les villes, pas même à Paris (1), ce n'est pas elle qui a créé les embarras, les difficultés, les périls de la situation, elle les a subis ; elle a endossé la responsabilité de toutes les dettes, de toutes les ruines, de toutes les charges accablantes que lui a léguées l'Empire.

Les Romains disaient à Varus, après sa sanglante déroute : Rends-nous nos légions ! Si un troisième Empire était fondé, les républicains auraient le droit de crier : rends nous nos frontières, Metz et Strasbourg, l'Alsace et la Lor-

---

(1) Voici la réponse de Paris à cette assertion erronée ou mensongère : la dernière fois que Paris a pris part au scrutin, ses votes se sont répartis ainsi qu'il suit :

Barodet (républicains radicaux)...	180,045	
Rémusat (républicains modérés)...	135,028	315,073 votes républicains.
Stoffel (légitimistes et bonapartistes)	26,644	26,644 votes monarchiq.

315,000 contre 26,000.

On ne discute pas un pareil résultat, il faut s'incliner devant la rigueur des chiffres.

raine, rends-nous nos dix milliards perdus, rends-nous notre honneur militaire, terni par la honteuse capitulation de Sedan !

C'est ici le cas de citer l'opinion de Napoléon 1er sur les capitulations en rase campagne :

« La gloire et l'honneur des armes est le premier devoir qu'un général doit considérer. Le salut et la conservation des hommes n'est que secondaire ; on retrouve des soldats pour venger ceux qu'on a perdus, il n'y a que l'honneur qui ne se retrouve pas. Capituler en rase campagne est *une conduite infâme et passible de la peine de mort*. »

Ces paroles de l'Empereur faisaient allusion à la désastreuse capitulation du général Dupont, à Baylen, déposant les armes à la tête d'une division de 18 000 hommes. Comment aurait-il jugé son neveu, capitulant en rase campagne, avec une armée de 120 000 hommes, pouvant sauver la France, en couvrant Paris ; surtout après cette lettre du général de Wimpffen, commandant en chef :

« SIRE,

» Je me décide à forcer la ligne qui se trouve devant les généraux Lebrun et Ducrot, plutôt que d'être prisonnier à Sedan.

» Que Votre Majesté vienne se mettre au milieu de ses troupes, elles tiendront à honneur de lui ouvrir passage. »

Napoléon III, au lieu de céder aux instances du général de Wimpffen, écrivit au roi de Prusse :

« SIRE,

» *N'ayant pu mourir à la tête de mes troupes*, je dépose mon épée aux pieds de Votre Majesté.

Après la conduite de Napoléon III, que son oncle appelait une lâcheté et une infamie passibles de la peine de mort et que l'Assemblée de Bordeaux, représentant la France entière, a flétrie, le 1ᵉʳ mars 1871, par l'acte de déchéance de Napoléon et de sa dynastie, en le déclarant responsable de l'invasion, de la ruine et du démembrement de la France, l'essai d'un troisième Empire serait aussi absurde, aussi illogique que le rétablissement d'une monarchie.

Légitimistes, orléanistes, bonapartistes, il faut vous résigner à l'abdication. Depuis la transformation sociale qui a consacré la souveraineté du peuple, quel a été le sort de toutes vos monarchies ?

La *Restauration* a sombré sous les ordonnances liberticides du 25 juillet 1830 ; la *monarchie de Juillet* s'est effondrée sous les modestes réclamations des citoyens organisant des banquets pour l'abaissement du cens électoral et l'adjonction des capacités, et le *bonapartisme* s'est suicidé par son incurie et par son aveugle témérité. Vous êtes bien forcés d'adopter le programme de ceux que vous calomniez en les appelant insurgés et qui veulent rester conservateurs.

En effet, nous voulons, nous, conserver ce qui existe, la République, perfectible, avec l'ordre et la liberté ; unissons tous nos efforts pour lui assurer cette stabilité indispensable à la réparation de nos pertes, de nos désastres et à notre prospérité future. Faisons taire nos ambitions et nos rancunes ; travaillons sans relâche au rétablissement de ce grand courant d'activité industrielle et commerciale qui nous permette l'amortissement de notre énorme dette publique dont les intérêts sont onéreux et écrasants pour tous. Hâtons-nous de réorganiser une puissante armée qui mette notre belle et riche patrie à l'abri des attaques de notre cupide et ambitieux voisin, auquel notre libération anticipée

a laissé des regrets et inspiré peut-être de nouveaux appé-
tits : *Si vis pacem, para bellum.*

Voilà notre programme politique, messieurs les réactionnaires ; il est rationnel, juste, honnête, conservateur. For-
mulez le vôtre, et le pays nous jugera.

FIN

PARIS. — IMPRIMERIE DE E. MARTINET, RUE MIGNON, 2